coleção ◆ ▶ primeiros
211 ◆ ▶ ◆ ▶ passos

Wilton Azevedo

O QUE É DESIGN

editora brasiliense

Copyright © by Wilton Azevedo, 1988

Nenhuma parte desta publicação pode ser gravada, armazenada em sistemas eletrônicos, fotocopiada, reproduzida por meios mecânicos ou outros quaisquer sem autorização prévia da editora.

Primeira edição, 1988
4ª edição, 2014

Projeto Gráfico e ilustrações: *Wilton Azevedo*
Produção Gráfica: *Lourdes Gabrielli*
Revisão: *José W. S. Moraes*
Capa: Wilton Azevedo, sem título, acrílico sobre tela, 1,46 X 0,89m, coleção particular *Laila Guimarães*,
4ª capa: Detalhe da igreja da Sagrada Família de Gaudi

Dados Internacionais de catalogação na Publicação (CIP)
(Câmara Brasileira do Livro, SP, Brasil)

Azevedo, Wilton
 O que é design / Wilton Azevedo. - - São Paulo :
Brasiliense, 2014. - - (Coleção primeiros passos ; 211)

4ª edição, 2014.

1. Design I. Título. II. Série

06-9230   CDD– 745.4

Índices para catálogo sistemático:
1. Design : Artes   745.4

editora brasiliense ltda.
Rua Antônio de Barros, 1839 – Tatuapé
CEP 03401-001 – São Paulo – SP
www.editorabrasiliense.com.br

sumário

design e desenho
7

produção como reprodução
13

a origem da arte aplicada
21

design gráfico
31

ruptura com o passado
43

objetos para usar e pensar
55

alguns usos do design
67

design cultural
75

indicações para leitura
89

Para o neném...

ESIGN　　　　　　　　DESENHO

E

ESIGN　　　　　　　　DESENHO

Univers Medium Condensed, corpo 11, entrelinha 12

Assim como o cotidiano das ruas e das novelas lança novas palavras com novo significado a cada dia, o mundo com suas transformações faz surgir novos significados e, para eles, surgem novas palavras que tentam significar o que o homem está tentando compreender. Assim acontece com a palavra *design*.

O termo *design* tem aparecido constantemente no nosso dia a dia, representando parte de um novo vocabulário. Muitas vezes pode significar algo novo que esteja aparecendo no mercado ou mesmo um novo estilo que é lançado por um novo mito, ou ainda, aparece quando queremos nos referir a algo que esteja na moda como "você já viu o *design* dos novos óculos Pierre

Cardin?".

Muita gente procura hoje as escolas de desenho perguntando como é que se faz para se tornar um desenhista dos meios de reprodução de massa. E esta dúvida permanece quando nos deparamos nas escolas de desenho diante de um modelo nu e não de uma cafeteira. Que diabos então a sociedade tem trazido de novo, já que continuamos chamando o modelo nu de desenho e a cafeteira de objeto?

Ao lidarmos com os meios de reprodução, já estamos lidando com o que poderemos chamar de *design*. O estilo da cópia.

Qual a diferença então entre olhar um modelo vivo e uma

cafeteira? Essa explicação é bastante vasta, principalmente quando nos damos conta das possibilidades do que pode vir a ser o ato de representar algo.

Podemos dizer que ao estudar o modelo vivo estamos transformando nosso ato de olhar em uma manifestação gráfica, numa forma de representar a realidade, e o mesmo ocorre quando olhamos para uma cafeteira. Isto acontece, entretanto, se nos limitarmos simplesmente a copiar a cafeteira. No momento em que a transformamos em objeto de cópia, ela não é mais desenho, ela é *design.*

A palavra *design* vem do inglês e quer dizer projetar, compor visualmente ou colocar em prática um plano intencional. É muito fácil imaginar que Van Gogh compôs visualmente seus quadros, e não podemos descartar que, para um dos maiores pintores do impressionismo, tenha havido intenção ou um plano *a priori* de uma pintura em forma de esboço ou *rough.* Então por que Van Gogh não era um *designer?* Se, ao pintar seus girassóis, ele estava tentando comprovar que a luz emitida pelo quadro se faz através de pontos contínuos e suas cores complementares, estava pensando como um pintor.

Mas se ele vivesse para ver a reprodução de massa, e ao pintar os girassóis quisesse que o quadro estivesse nas bancas de jornais, ele seria um *designer.*

O homem se inspirou na natureza observando as formas que ela nos proporciona. O desenho de uma flor desabrochando e o *design* do pôster dessa flor levaram o homem a pensar sobre as formas que o rodeiam.

Algumas formas não são resultado de planos traçados pelo homem, mas produto da própria natureza – as colmeias, o ovo, a geometria do cáctus, a coerência das teias de aranha -, e outras ele traçou intencionalmente, como o urbanismo das cidades (e o tráfego de trânsito), os objetos do uso cotidiano, ou as roupas.

Assim como a natureza tem seu próprio caminho através dos organismos naturais, o homem faz dos meios urbanos a sua natureza, a natureza urbana. Percorre os caminhos naturais, mas muitas vezes prefere planejá-los.

Mesmo os animais e insetos, ao desenvolver seus objetos – como as abelhas quando fazem suas colmeias ou a aranha ao fazer sua teia -, limitados ao seu mundo onde prevalece a intuição, fazem com que esses objetos tenham uma finalidade de uso. O fato de a colmeia ter um desenho hexagonal é para que o mel não escorra, permitindo a cada uma das abelhas armazená-lo; e o fato de a teia de aranha atravessar de uma árvore para outra possibilita capturar os insetos voadores.

Mas será que a natureza urbana também tem seu uso? Você vai ao cinema, compra um *ticket,* senta-se numa cadeira, assiste a um filme, sai com a namorada, passa em uma lanchonete, e volta para casa.

Se analisarmos uma simples saída para o cinema, veremos que em tudo há *design*. Desde o picote do bilhete, a direção de arte que você viu no filme, os *fast-foods* das lanchonetes que padronizam os alimentos o *design* do sanduíche – e a volta para casa, onde no mínimo você estará comentando com seu parceiro o que você intenciona fazer amanhã.

Queremos colocar a natureza bucólica dentro de casa, mas sempre esquecemos de regar as plantas ou completar a água do aquário. Estamos aptos, entretanto, a fechar o gás, tirar as tomadas dos plugues ou ver se o alarme está ligado. Esta rotina do cotidiano é que nos torna seres culturais, seres que filtram uma realidade instalada pela repetição.

A estética do final do século passou a ser uma ferramenta que tenta lapidar tudo que já foi discutido e realizado pelo homem. O *design* surge no mundo quando o homem começa a fazer suas primeiras ferramentas, e o *designer* continua a lidar com ferramentas. A diferença é que sua ferramenta hoje é o próprio ato de gerar informação.

Convive-se bem. Se há uma coisa que o final do século nos trouxe é a convivência intraobjetos; vide *Blade Runner*.

Os museus estão dentro e fora dos museus. A expectativa do novo é dada de segundo a segundo, o novo é redundante. Se o homem do século XXI ficar famoso em 15 segundos (como diz Andy Warhol), então o que ele fará nas próximas horas?

Tentando esclarecer esses conceitos que são amontoados de palavras geradas pelos *mass-media*, a pessoa que quiser estar em contato com o *design* saberá como olhar aquele desenho vivo e qual o uso que aquele desenho terá dali em diante, ou mesmo a aplicação de um desenho industrial para reproduzir uma cafeteira em série.

Na realidade, o que se deve fazer para entender o que é *design* é estar atento ao processo de reprodução em série. Assim como nós somos envolvidos por objetos que nos afetam e através desse processo passamos a criar o nosso próprio significado, assim é de objeto para objeto. Tente imaginar você saindo de casa para as férias e deixando trancada a casa durante um mês. É quase impossível imaginar que entre esses objetos não se trave um diálogo.

PRODUÇÃO
como REPRODUÇÃO

English Times bold, corpo 11, entrelinha 12

A confecção de um objeto, principalmente antes da passagem do século, era função do artesão. Com suas mãos hábeis, e com a influência do de*sign* que passava de pai para filho, cabia a ele confeccionar um objeto único. Com isso, o mundo era povoado por objetos únicos como uma cadeira, uma mesa, uma tina d'água, ou seja, objetos que eram feitos um a um, tendo seu *design* refletido pelo estilo que cada artesão desempenhava conforme os objetos que fazia – muitas vezes objetos personalizados feitos para famílias importantes.

Com o surgimento da indústria houve uma preocupação em aproximar as atividades do artesão e da máquina, e isto pode ser fácil de entender levando em conta que a atividade do artesão não poderia ser dispensada de um dia para o outro – todas as transformações sociais são lentas, principalmente quando falamos numa época de profundas mudanças como foi a Revolução Industrial.

Muitos começam a pensar na possibilidade dessa integração, mesmo que para isso prevalecesse ainda o estilo do artesão sobre a máquina. O homem dessa época tinha muito medo de uma possível escravização sua pela máquina. É como se utilizássemos da máquina o seu tempo reduzido de produção, deixando prevalecer o estilo do artesão.

Duas das pessoas que mais contribuíram para esse pensamento foram John Ruskin e William Morris.

Diante do mundo que começa a se mecanizar, o homem vai contribuir definitivamente para uma grande revolução estética e social que é a das formas dos objetos que usamos no dia a dia – elas passam a ser diferentes de um dado instante para outro. A ideia dessa revolução mecânica era poder atingir o grande crescimento das populações. Para o futuro já se pensava em produzir artigos baratos em menor período de tempo em relação ao produto artesanal, não restringindo mais a arte do *design* às elites, mas levando em conta a possibilidade de reproduzir um objeto em série, para que a grande população pudesse adquiri-lo. Partindo então da ideia de o *design* estar ligado a um projeto intencional é fácil de compreender que a própria indústria iria criar uma necessidade com relação ao conceito de funcionalidade. Ao objeto não caberia apenas ser bonito, mas ele tinha que adequar-se a uma função, designada pelo artesão, futuro *designer*.

Não havia apenas interesse em que a arte fosse do povo, mas que fosse também para o povo. Era necessário que as fases da construção de um objeto fossem democratizadas e popularizadas para que atingissem uma finalidade social de uso. O desenho finalmente passou a ser entendido como *design,* ou seja, compreendido como desenho industrial. A necessidade de se pesquisar a simplicidade das formas para que sua popularidade pudesse ser atingida não estava somente restrita à aquisição do objeto pela população, mas interessava também na medida em que facilitasse sua execução pela máquina.

Deveríamos então perguntar: por que a ideia de simplicidade está diretamente ligada à produção em série? Bem, sem as mãos do homem seria impossível que a máquina fizesse tantas formas ornamentais. Surge então a ideia de adequar o *design* – ou projeto – a uma concepção de indústria mecânica, para que daí por diante pudéssemos obter objetos em série: jarros, cadeiras, vasos, ou seja, objetos úteis. É importante lembrar que nessa época surge a indústria automobilística, e seria impossível fabricar os automóveis um a um. O automóvel, na realidade, surge na sociedade mecanizada com a proposta de ser um objeto seriado. É daí que se criam as linhas de montagem, onde cada grupo de operários tem uma função. Um coloca o para-lama, outro o pneu, os vidros, calotas, e o carro vai ficando pronto. É como pedir um sanduíche no balcão do MacDonald's: eles são produzidos através da concepção de linha de montagem.

É por isso que a atividade do *designer* hoje manifesta-se através do trabalho em grupo. São arquitetos, desenhistas industriais, muitas vezes publicitários, na confecção de embalagens ou catálogos, tudo isso para produzir um objeto para a massa, e de baixo custo.

É na linha de frente artesão-máquina que surge a escola Bauhaus, fundada em 1919, na Alemanha, por Walter Gropius. Seria impossível entender hoje o que é *design* sem entender o que foi a Bauhaus.

Para compreender melhor a atividade de um *designer* é necessário observar, ao passar do tempo, alguns movimentos que surgiram para incentivar a procura do homem por novas formas e com isso descobrir novos materiais. A Revolução Industrial trouxe mudanças profundas em nossa vida, e era necessário, com o surgimento de uma sociedade industrializada, que essas manifestações passassem a ser mais uma possibilidade para o homem entender a era mecanizada.

Linha de Montagem.

A
ORIGEM
DA
ARTE
APLICADA

A

  A

A

A   A A

Vamos analisar como se deu a lapidação da ideia de *design* junto a determinados movimentos que vieram enriquecer a história do *design*. Comecemos pela *Art Nouveau*.

O mais difícil nessa época seria convencer o artesão a abandonar a ideia de trabalhar individualmente, e a *Art Nouveau* viria fazer com que o trabalho individual do artista fosse ressaltado por seu estilo. Por isso, sua filosofia ainda era bastante artesanal.

A *Art Nouveau* surge em 1883, da necessidade de exaltar a natureza e principalmente falar da vida bucólica que começava a desaparecer com a rápida industrialização da Europa. Seus desenhos imitavam folhas, troncos, caules, insetos, filamentos de flores e às vezes ressaltavam o próprio desenho, com vinhetas – desenho ornamental – que tinham a intenção de circundar o desenho principal.

É com o artista Arthur H. Mackmurdo que surge um dos primeiros desenhos *Art Nouveau* – a página de rosto do livro sobre igrejas urbanas de Wren, de 1883, ou Londres -, e vamos estabelecer uma relação entre o desenho de Mackmurdo e a ideia de *design*. Seu desenho usava excessivamente as formas onduladas, sempre no contraste pre-

Garamond 49, corpo 12, entrelinha 13

to e branco, como se quisesse retratar ondas do mar. Se nessa época o artista tivesse intenção de criar objetos com esse estilo, deveria então adaptar o objeto na produção industrial. Para isso, Mackmurdo deveria recorrer a um *designer*.

Porém, não foi só na ilustração que a *Art Nouveau* teve sucesso, mas também na confecção de objetos de vidro, o ferro ornamentado na arquitetura, madeira trabalhada como troncos de árvore para os móveis, e os metais para o desenho de joias.

Os vidros nessa época eram feitos de formas onduladas, dando a ideia de que estavam derretendo nas mãos. Surgem os vidros decorados e uma tecnologia para poder colori-los com jatos de areia. O que era curioso é que os artistas dessa época foram obrigados a estudar botânica para poder ornamentar seus objetos.

Os móveis surgem com esse mesmo desenho ondulado, e os pés de cadeiras, como troncos de árvores, às vezes faziam lembrar galhos ramificados.

Utilizando-se do ferro, o arquiteto belga Victor Horta (a maioria dos seus trabalhos se encontra em Bruxelas) explora também os temas florais nos corrimãos de escadas, e através do uso do ferro é que se vão obter novas possibilidades para qualquer tipo de ornamentação da *Art Nouveau*.

Com esse estilo ondulado e a maneira acentuada de trabalhar os temas bucólicos, a arte de produzir objetos acabou tendo como característica nesse movimento uma forma que ficava entre o artesão e o *designer*, pois quanto mais rebuscado era o desenho de um objeto, mais difícil era sua industrialização, mais difícil, portanto, que a noção de desenho industrial naquela época ficasse clara.

Não só nos objetos utilitários é que estavam as maneiras de explorar o trabalho individual de um artista, mas isto também chega à arquitetura, pelas mãos do arquiteto espanhol Antoni Gaudí (1852-1926), quando se utiliza de materiais de refugo de construção para executar seus projetos. Gaudí não se limitava a usar materiais tradicionais, mas procurou inovar fazendo colagens na decoração de suas construções, pedaços de ladrilho e até peças de louça e cacos de vidro, transformando sua arquitetura numa mistura de materiais que, à primeira vista, parecia ser improvisada, impossibilitando a confecção de uma réplica da construção.

É com o *design* que podemos tornar até mesmo a obra de Gaudí uma possibilidade dentro da reprodução em série. É como se tivéssemos uma torre Eiffel, igual à de Paris, em cada capital do mundo.

A história do *design* está cheia de caminhos, mas podemos adotar alguns caminhos mais fáceis para que possamos compreender como o homem deixou de ser um desenhista para ser um projetista, um *designer*.

A URSS também contribuiu para que o *designer* hoje fosse uma realidade. A Vanguarda Soviética, movimento que teve início no começo deste século, foi um dos mais importantes dentro do que chamaríamos Arte de Vanguarda, ou até mesmo *design* de vanguarda.

Todas as ideias dessa vanguarda estavam ligadas diretamente a uma reformulação da estética do *design*, ou seja, estavam empenhadas em tentar entender a forma de um ponto de vista tal que permitisse levar os objetos ao povo.

Esse movimento não teve atuação somente na área dos objetos utilitários, mas também na arquitetura, escultura, e principalmente na poesia, o que veio contribuir mais tarde para um novo estilo na diagramação do texto. A grande preocupação desses artistas era criar uma luz própria entre seu povo, podendo através da arte reforçar uma profunda mudança social, já que nessa época começou no país a ideologia comunista.

A Vanguarda Soviética existiu sob várias nomenclaturas, todas elas tentando entender o *design* de uma maneira diferente, mas a ideia central era uma só: tornar a arte popular, uma arte de estilos da qual o povo era o maior beneficiado.

Ao mesmo tempo que a União Soviética passava por mudanças radicais, a Europa estava sendo influenciada pelo Manifesto Futurista, um manifesto que pregava que a máquina não poderia ser discriminada, que o homem teria que compreender os movimentos sociais que a máquina traria e trabalhar a ideia da coletividade urbana. Não haveria por que o homem ter medo do futuro.

A Vanguarda Soviética sofre uma influência direta deste chamado futurismo, pois poderia estar aí a resposta para a ligação homem-máquina e para o *designer* como um intermediário.

Tudo é popular. A Vanguarda Soviética é incentivada a criar movimentos que levariam a arte ao povo através de uma nova concepção de *design*. Os poetas, artistas plásticos e arquitetos se unem então para produzir cartazes e pinturas que divulguem a ideia comunista. A palavra de ordem era construir.

Não podemos pensar uma revolução como essa apenas através da boa vontade, mas principalmente levando em conta que havia interesse do governo para que se criassem instituições que viabilizassem as ideias dos artistas, criando-se ateliês livres que discutiam arte e técnica, uma grande ajuda no surgimento do *design* construtivista, ou de um *design* que permitisse construir, fazer algo em nome de um movimento.

Toda a ideia de reformulação estética através da Vanguarda Soviética desaparece logo no começo da década de 30, quando Stalin assume o poder e se torna a pregar a arte tradicional figurativa conhecida como realismo socialista.

Mas é na Bauhaus que a ideia de *design* começa a ficar clara. Nas bases de sua ideologia, a Bauhaus pregava a integração da produção artística com a industrial. Sua meta principal era desenvolver de uma vez por todas o que poderíamos chamar de *design* moderno. Um estilo de *design* que haveria de estar em constante contato com as relações do homem e seu espaço.

A Bauhaus foi uma das primeiras escolas a ministrar aulas com a intenção de transformar o artesão em produtor industrial. Mesmo existindo as diferenças entre o artesão e o trabalho mecanizado, essa escola alemã se preocupou com que seus alunos experimentassem qualquer tipo de material para que mais tarde, qualquer que fosse a opção do aluno entre arquitetura, escultura, tapeçaria, pintura, artes gráficas, sua experiência pudesse levá-lo à concepção de *design* (para tudo isso ele já era um *designer*). Cada um de seus professores desenvolvia uma atividade dentro da Bauhaus. Havia cursos de Estudos da Geometria e a integração ao *design*, estudos de matemática, entre outros, deixando claro ao *designer* que surgia nesta escola a ideia de que a arte era uma ciência exata.

A produção em série era sua especialidade. Cadeiras de tubo de aço niquelado eram projetadas de maneira que a máquina pudesse executá-las em série. Um dos nomes que mais se destacaram no projeto de cadeiras foi Marcel Breuer.

A Bauhaus pesquisa a fundo arquitetura e escultura além de cenários para teatro e dança, e, através dos estudos que desenvolveu nessa área, pôde aplicar esses conceitos na tipografia e alfabetos.

A arquitetura começa a projetar prédios altos com a utilização de vidro, e um dos países que mais se iriam beneficiar com essa nova tecnologia seriam os Estados Unidos (especialmente a cidade de Chicago), refúgio de muitos professores quando do fechamento da Bauhaus pelos nazistas no começo da década de 30.

A Bauhaus criou uma consciência dentro da era industrial que foi de suma importância para a criação de um *design* moderno. Para entender isto basta olhar durante alguns minutos os objetos que foram produzidos pela escola. Um *design* desprovido de ornamentos, sem correlação com estilos antes executados.

É dela que surge a ideia de módulo, ou seja, estruturas modulares padrão que permitiam realizar o mesmo objeto em qualquer parte do mundo.

Desenvolvendo um *design* que poderia ser produzido em série, internacionalmente, a própria Bauhaus já teria com isso criado a necessidade de impedir a escravização do homem pela máquina.

A Sagrada Família, de Gaudi, em Barcelona, 1903 a 1926.

Design gráfico

Univers Medium, itálico, corpo 11, entrelinha 12

Começamos a notar que pensar o design não se restringe aos objetos utilitários ou à arquitetura, mas abrange a palavra escrita, como você pode perceber a cada abertura de capítulo deste livro.

Para ser comunicada, a palavra deve necessariamente partir de um alfabeto, e estão contidos nesse alfabeto os desenhos de letras, seu estilo, a forma da letra. Os primeiros alfabetos que apareceram no Ocidente surgiram em civilizações do Mediterrâneo. Para cada letra havia um desenho, uma imagem correspondente. Eram simples figuras destinadas a representar a escrita. No Egito antigo, por exemplo, a letra "A" era representada por uma ave. O tipo móvel, que era uma maneira de escrever com pequenos pedaços de chumbo, inventado por Gutenberg, em 1454, na Alemanha, facilitou a entrada da escrita para o mundo da reprodução em série. Começava-se a pensar pela primeira vez na possibili-

dade de diagramar uma página. Desde os primeiros tipos gráficos de chumbo, a letra já ganhava um caráter de projeto.

Para isso surge o design gráfico, que é a parte de um projeto que se refere ao material a ser impresso.

Vamos ver então como acontecem alguns desenhos de letra.

A princípio, o homem começou copiando livros, trabalho feito por copistas – a única forma de reproduzir um livro. Com a letra escrita a mão, vamos ter algumas influências quanto ao desenho de tipo – vamos ter tipos com traços grossos, finos, finalização das hastes das letras atravessando extremidades que fazem a ligação de uma letra a outra, conhecida como serifa, traços curvos nas extremidades das hastes, tipos com hastes uniformes, sem serifa, ou seja, conforme os tempos iam exigindo melhores sistemas de reprodução, o tipo ia exigindo um novo design para a sua formação.

Com o surgimento da impressão off set, *observamos uma reformulação no sistema de reprodução da escrita que facilitou a reprodução em massa. Enquanto antigamente uma matriz de chumbo era usada para reprodução, no off set o sistema é fotográfico, projetando cada peça impressa como se estivesse fazendo uma cadeira ou construindo um prédio, utilizando-se assim da tecnologia disponível.*

Novamente, um dos grandes empreendedores dessa reformulação da escrita foi a escola Bauhaus, que trabalharia o design *dos tipos com uma inovação no sentido da legibilidade.*

Só para se ter uma ideia, levantou-se pela primeira vez a seguinte questão: por que no mesmo alfabeto existem o "A" maiúsculo e o "a" minúsculo (ou seja, caixa alta e caixa baixa)?

A Bauhaus cria então o tipo Universal, que era constituído apenas por letras minúsculas, inclusive para início de frase e nomes próprios. Com isto surge o design *de tipos Bauhaus.*

Dois sistemas vieram facilitar o trabalho do designer *gráfico quanto à criação e produção de um projeto impresso – uma revista, cartaz, peças publicitárias, jornal ou qualquer material de reprodução -: a fotocomposição e a fotoletra.*

Estamos falando até agora que o design *está ligado diretamente a um projeto ou a um desenho industrial. Hoje, entretanto, uma página impressa é tratada como um projeto de desenho industrial, e a fotocomposição veio permitir ousadias para o* designer *gráfico, que pode agora aproximar as letras, diminuído o espaço entre letras, sobrepô-las, tudo dependendo do projeto que se quer como produto final (veja a diagramação deste livro para entender o que é projeto gráfico).*

A fotoletra tornou possível ampliar a letra em sua altura (corpo), o que veio facilitar o trabalho do designer. *Todo aquele desenho que antigamente era feito a mão livre e mais tarde moldado no chumbo, agora é feito com sofisticados computadores, podendo variar as hastes dos tipos em grossura, em largura, expandindo e condensando a letra ou inclinando-a, obtendo-se o italic.*

O ponto de partida para um designer *gráfico começar a diagramar uma peça é saber o tipo de letra que ele necessita, e se sua leitura dentro daqueles moldes vai ser possível ou não, variando o tamanho conforme a finalidade que o tipo terá na peça impressa (como é o caso deste livro).*

Uma das vantagens deste novo sistema fotográfico para variação de tipos consiste em poder criar novos designs *para novos alfabetos, levando em consideração os recursos que a máquina pode oferecer. Um exemplo disso é o trabalho do* designer *americano Herb Lubalin, que criou um tipo bastante conhecido – o Avant-*

Garde. E um tipo extremamente fino em suas hastes, que só seria possível reproduzir através de processos fotográficos.

A revista que antes era aberta para que se lessem seus textos, agora cria uma noção de design gráfico, fazendo com que o público não apenas leia os textos mas leia as imagens e até mesmo certos espaços que são deixados em branco pelo designer *gráfico. Tudo em um meio impresso é informação.*

Logotipo: o design da escrita

Com a industrialização surgem na sociedade as primeiras indústrias privadas. Essas indústrias pertenciam a pessoas poderosas que faziam parte de uma elite social e econômica dentro de um quadro político que começava a se industrializar.

A tradição da família era muito maior que a tradição da indústria, já que esta estava nascendo. Sendo assim, usava-se o nome da família na empresa para que ela pudesse ser reconhecida. Era necessário também ter uma marca, e muitos usavam o brasão da própria família, o que justificava a importância dessa família dentro da sociedade. Nessa época, contudo, não havia a consciência de design, *ou seja, traduzir a ideia da indústria de maneira a criar uma identidade para ela, uma identidade visual. As primeiras marcas eram uma adaptação do brasão da família para significar a indústria. Sem a consciência de desenho industrial, essa marca tinha tendência a contar a história da fábrica através de vários desenhos contidos em um só emblema. Pode-se dizer que foi assim que surgiram as primeiras marcas de empresas – que chamamos hoje de logotipo.*

Havia logotipos que tinham que expressar o que aquela fábrica produzia. No começo, eram desenhadas imagens de chaminés de tijolos soltando fumaça, uma grande engrenagem sobreposta que significava a era mecanizada e um capacete com asas de Minerva, a deusa da engenharia. E para que não faltasse nada, todos esses desenhos eram cercados por folhas de louro.

Se entendermos que a indústria trouxe a produção dos objetos em série, temos que entender que havia necessidade da simplificação dessas formas para que pudessem ser reproduzidas em qualquer meio gráfico, ou seja, o logotipo haveria de se transformar em um símbolo.

O logotipo precisava institucionalizar o conceito da indústria através de repetições em anúncios, e, mesmo mais tarde, nos projetos de marketing, esse símbolo passaria a ser a ideia visual da empresa. Para isso, o designer gráfico teve que começar a trabalhar junto ao departamento de marketing da empresa, encarregado de pesquisar qual público deve ser atin-

gido por aquele logotipo.

Mas nem sempre um símbolo tem a finalidade que queremos. Se pegarmos como exemplo o logotipo do nazismo (suástica) e olharmos para ele hoje, reconheceremos nesse símbolo toda a desgraça a que o mundo se submeteu diante de um poder militar, mas o símbolo do nazismo para os alemães na época da guerra significava algo diverso. Era a esperança de surgir uma nova Alemanha com ideias revolucionárias.

Se a intenção primeira do designer gráfico que projetou o símbolo do nazismo fosse realçar a raça ariana, o projeto não conseguiu atingir essa finalidade.

Um logotipo já nasce como um símbolo, e é essa consciência que o designer *deve ter. Ele tem que dizer às pessoas o que elas já sabem através de um ato gráfico, podendo ser esse ato tanto um desenho geométrico quanto um desenho gestual: o logotipo da Rede Globo é um círculo dentro de um círculo, e o das Diretas-Já, duas pin-*

celadas lado a lado. E muitas vezes a própria palavra desenhada, um logotipo que parte de uma palavra que é o primeiro nome da empresa. O designer gráfico dá à palavra um caráter visual, e com isso não só a palavra passa a designar o símbolo da empresa, mas a forma como ela é disposta no papel (ou papéis da empresa, como cartões de visita, envelopes, papéis de carta, etc.).

Para que o designer gráfico possa estruturar seu trabalho de um modo coerente, o sistema fotográfico para reprodução conhecido como fotolito veio tornar-se ponto de apoio. Através dele, seu trabalho foi facilitado, fazendo com que o designer gráfico trabalhasse com colagens.

Essa montagem é conhecida como paste-up. *O produto final impresso pode então ser melhor executado desde a tipologia (o desenho de tipos) até a diagramação (a maneira de utilizar o espaço para dispor textos e imagens). Um exemplo disso é esta página que você está lendo.*

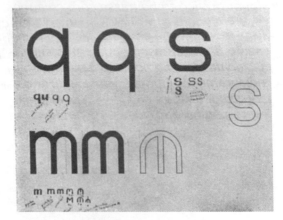

Estudos preliminares de Herbert Bayer para o Alfabeto Universal, 1925.

RUPTURA COM O PASSADO

Garamond 49, corpo 12, entrelinha 13, condensado

Começamos aqui uma etapa que caminha no sentido de descobrir o novo. O século XX tem como característica a subversão no meio artístico, e com isto surge a pesquisa com novos materiais. Surge o conceito de que o homem moderno precisaria estar cercado de objetos funcionais, a ideia de forma e função já era uma necessidade.

Surge uma nova estética para se morar e estar com os objetos utilitários do dia a dia. A ideia de casa é pensada não só no sentido estético, mas também na sua funcionalidade. O americano Frank Lloyd Wright (1869-1959) é um dos principais arquitetos a pensar o modo de vida do homem moderno.

O moderno está ligado à ideia de novo no sentido de pesquisa com novos materiais, a nova consciência da civilização contemporânea que vive cercada pela máquina em grandes centros urbanos. E nessa mesma época que surgem as mais diversas correntes artísticas, entre elas a que mais iria influenciar o pensamento quanto à construção dos objetos: o neoplasticismo. Com este movimento tenta-se uma ruptura com a pintura de observação, ou seja, o objeto da pintura passa a ser a própria pintura.

É com linhas retas e cores primárias que o grupo De Stijl, de 1917, encabeçado por van Doesburg e Piet Mondrian, iria traçar um plano de grafismo radical, usado simultaneamente pela escola Bauhaus.

Essas composições com linhas retas e cores primárias acabam se estendendo inclusive aos móveis, e o neoplasticismo é representado escultoricamente pela cadeira Red and Blue, de Rietveld.

Mas a necessidade de ruptura com o passado acelera os processos de elaboração artística. O homem moderno é diferente do homem dos séculos anteriores, porque vive a era da indústria, do conhecimento científico e do pensamento voltado para a tecnologia.

A busca da funcionalidade encontra formas e funções que se adaptam plenamente a uma estética que tenta questionar o mundo do a partir do zero.

As experiências feitas com novos materiais, como o aço tubular e o couro, ajudaram a difundir a ideia da decomposição dinâmica, tendo como um dos maiores incentivadores desta ideia o arquiteto e *designer* escocês Charles Rennie Mackintosh (1868-1928), na escola de Glasgow, que, influenciado pela *Art*

Nouveau, mas com ideias ligadas a um *design* de linhas retas, cria a cadeira Mackintosh.

Para ele a luz é parte importante dos objetos, já que força sua passagem através das cadeiras realçando a utilização do espaço em sua criação estrutural.

Não se pode descartar que o futurismo foi um dos movimentos que mais contribuíram para colocar o século XX no lugar certo. Com seu manifesto, em 20.2.1909, o mundo é colocado como um criador de novas belezas, a beleza de um mundo mais rápido e com ele a ideia de velocidade, o barulho dos carros correndo, a agitação das multidões... Pode-se dizer que é a partir desse momento que a Itália volta a assumir um papel importante na ideia de moderno.

A cidade era o grande problema desta época.

A urbanização passa a ser um fator importante quando se pensa o futuro. Tony Garnier, arquiteto e engenheiro francês (1869-1948), foi um dos primeiros a pensar o problema projetando a cidade industrial, um ponto de partida para encarar a sociedade móvel, em que houvesse integração entre natureza e tecnologia. A ideia desse trabalho era revolucionária por conter em um mesmo projeto estação ferroviária, cais, casas adequadas a trabalhadores e represas para fornecimento de energia elétrica. Era a tentativa de viabilizar uma cidade que partilhasse seu espaço com a indústria.

É através da preocupação de integração trabalho e lazer que o mundo moderno passa a desenvolver uma nova concepção de *design* urbano para viabilizar o tempo gasto no trabalho. Os objetos utilitários são menos ornamentais e passam para a linguagem da funcionalidade, porque o tempo passa a ser escasso. Com o fechamento da Bauhaus e o fortalecimento de Stalin na União Soviética, há uma grande evasão de artistas para os Estados Unidos, país que com o final da Segunda Guerra (1939-1945) avança nas pesquisas de novos materiais para os objetos pós-guerra.

Na década de 50 há, por parte dos americanos, uma forte tendência a trabalhar com as formas curvas, parabólicas, longas e baixas, com ausência de ornamentos *(flamboyants)*. Estas criações eram possíveis, pois os materiais que até então tinham sido usados na produção de objetos requisitados na guerra poderiam abrir espaço para o consumo de massa.

A borracha, o acrílico, a resina de poliéster e o *fiber-glass* já eram pesquisados durante a guerra, e isso acabou por tornar os móveis mais leves, podendo com isso ser reciclados.

A palavra *moderno* já faz parte da sociedade. Tudo que parece novo é moderno: um novo que contribui para um estilo de vida.

Com a influência do abstracionismo, o *design* americano galga a posição de água divisória entre os períodos da geometria estrutural e das formas orgânicas.

Os primeiros móveis chamados de modernos na América tinham um *design* de beiradas arredondadas chamados de objetos biomorfos, ou formas baseadas em organismos biológicos que não representavam nenhum organismo específico. Essas formas arredondadas eram um dos primeiros indícios do grito contra o *design* racionalista da Bauhaus. Eram formas assimétricas, em nada parecidas com a linguagem dos módulos, como os sofás com formato de ameba com os pés totalmente arredondados.

Os *designers* americanos da década de 50 Charles Eames e sua esposa Ray foram os que contribuíram para a pesquisa de moldes em madeira laminada. Suas cadeiras de arame trançado trouxeram ao *design* a viabilização do arame no dia a dia das pessoas, mas sua verdadeira revolução foi obtida através das primeiras cadeiras de *fiber-glass* em formato de concha e a mesinha de canto.

A cadeira como objeto tornou-se um dos principais motivos de exploração pelos *designers* modernos. Todo e qualquer tipo de função no sentar, com relação a material e formato, foi explorado como uma verdadeira disputa através das formas simplificadas, criando com isso novas possibilidades de apreendermos a forma.

O ato de sentar é uma invenção humana. A estética do descansar tem papel importante na vida moderna, uma vez que essas formas poderiam ser usadas como banco ou mesa. O ponto alto das pesquisas da modernidade americana, entretanto, está no sofá que George Nelson projetou em formato de *marshmallow*, feito de couro e formado por dezoito esferas com suporte de aço. É importante ressaltar que este foi um dos primeiros móveis a utilizar-se da oposição de cor (como laranja, rosa e púrpura), influenciando assim o que mais tarde chamaríamos de pós-moderno.

É na metade do século, entretanto, que surge a síntese das cidades-jardins e da cidade metropolitana, o que veio ajudar a desenvolver os grandes centros metropolitanos.

E com a chegada de Mies van der Rohe nos Estados Unidos, depois de fechada a Bauhaus, em 10 de agosto de 1933, que Chicago se enfeita de arranha-céus. Com uma visão mais radical, Mies desenvolveu entre os arquitetos americanos o conceito do uso na construção de arranha-céus, cujas fachadas de vidro eram de fundamental importância.

Como podemos perceber, o *design,* tanto nos objetos utilitários como na arquitetura, assume papel fundamental na vida moderna. Cabe aos *designers* uma responsabilidade social, pois é de seus projetos que saem os objetos que usaremos na nossa vida diária. Isso acontece não só na busca de uma nova estética, mas principalmente procurando cumprir as finalidades práticas quanto ao uso do objeto utilitário.

Resumindo estas colocações: entre a racionalidade da Bauhaus e o expressionismo abstrato fica um enorme espaço estético – a distância entre a forma reta e modular e a forma orgânica. Foi sem dúvida essa brecha que excitou os *designers* nas décadas de 60 a 80 a pensar os objetos da pós-modernidade.

Influência no Brasil

O *design* brasileiro ligado ao mobiliário e objetos nasce a partir de um processo de importação, é uma assimilação de conceitos estéticos internacionais. Estavam em jogo os pensamentos europeu e americano, e era necessário que o Brasil pensasse também essa adaptação da funcionalidade em relação a uma ergonomia brasileira. (Ergonomia é o estudo da proporção humana em relação ao espaço ocupado pelo corpo.)

Um dos primeiros a desenvolver conceitos modernos de *design* no Brasil, criando por assim dizer uma primeira experiência com o desenho moderno brasileiro, foi o *designer* suíço John Grass, nascido em 1891, que chega ao Brasil em 1920, projetando poltronas com tubos de aço. O russo radicado em São Paulo Gregori Warchavchik, nascido em 1896, que chega ao Brasil em 1923, além de mobiliário, criou luminárias e a casa modernista, entre tantos projetos.

Podemos dizer que um dos primeiros assentos modernos produzidos no Brasil para cadeiras foi feito pelo desenhista-pintor-*escultor-designer* Joaquim Tenreiro, que chegou de Portugal em 1928, o qual tornou-se através do seu trabalho uma das figuras mais importantes do *design* brasileiro. Tenreiro cria a poltrona leve, na qual desenvolve estamparias com motivos umbandistas. Esse artista trabalha quase que exclusivamente com assento e encosto de palha, um material muito fácil de se encontrar no Brasil.

Em São Paulo é criado o Estúdio Palma em 1948, por Pietro Maria Bardi e Lina Bo Bardi, executando os projetos das primeiras cadeiras dobráveis para serem empilhadas.

A ideia do *do-it-yourself* (faça-você-mesmo) começou com a proposta de comprar cadeiras desmontáveis em supermercados. As poltronas Pegue-Leve poderiam ser vendidas em caixas, reunindo vantagens como o pequeno volume do material quando desmontadas e sua resistência quando montadas.

Oscar Niemeyer, com a construção de Brasília, iniciada em fevereiro de 1957, faz transpirar pela primeira vez a nível internacional o *design* moderno brasileiro em meio ao que se acostumou a chamar de bossa nova da arquitetura. Trabalhando sempre com formas orgânicas, suas construções em concreto passam a ser moldadas ao acaso, dando à arquitetura um índice da linguagem escultórica. A arquitetura não significa apenas pelo que ela possa ter de funcional, mas também por sua contribuição estética ao *design* moderno. Influenciado pelo arquiteto suíço Le Corbusier (1887-1965), Oscar cria também sua cadeira conhecida como Módulo, atingindo um padrão de destaque por ser sustentada apenas por uma haste de ferro.

Sala de estar americana da década de 50.

objetos para
usar e
pen sar

English Times italic, corpo 11, entrelinha 12

Sob a influência do dadaísmo e principalmente da Pop Art *nas décadas de 50 e 60, surge a ideia da pós-modernidade, uma espécie de colagem da história da arte. Parecendo mais um aglomerado iconográfico, esse pastiche leva em frente a ideia de retirar o novo do moderno, o pós-moderno.*

O lugar onde ficou mais evidente esse tipo de estilo foi na arquitetura. É nela que se vai concentrar a maior parte das discussões sobre o que é a pós-modernidade. Robert Venturi, um dos precursores do pós-moderno, começou sua pesquisa ao observar a arquitetura de Las Vegas, e desse trabalho ele extraiu a importância estética de se recuperar a luz neon em contraste com o concreto aparente.

O que fica evidente é que a ideia de um design *pós-moderno se coloca em oposição à ideia da escola Bauhaus. O* design *assume uma função oposta ao funcional, lança-se à procura de uma nova estética bem-humorada que denominou de não-estética, assumindo a característica de* design *"colagem" do passado.*

Quem reforça essa ideia ainda lidando com a ar-

quitetura é Charles Moore, basicamente o precursor do design *pós-moderno na arquitetura. Seu trabalho mais famoso foi o projeto da Piazza d'Italia em Nova Orleans na década de 70, utilizando uma mistura de estilos de colunas gregas com contornos e frisos de neon em toda a fachada entre as colunas e capitéis. As estruturas de metal aparente e as grossas tubulações coloridas representam a perfeita integração entre o homem e a era da máquina, já terminada. O Centro Beaubourg, conhecido como Centro Georges Pompidou, em Paris, é um dos grandes exemplos dessa colagem visual. Torna-se importante a relação entre o designer e o passado, o design moderno e o pós-moderno, tendo dentro de cada um, através dos objetos, um verdadeiro contraste entre o que já foi e o que virá. Os* designers *começam então a domesticar os objetos, que são produzidos na forma de móveis coloridos, como alegorias, alguns levando até objetos eletrônicos com luz neon. Só na década de 80, entre os prédios que reuniam a ideia pós-moderna, é que surge o prédio da AT & T, em Nova York. Os* designers *Philip Johnson e John Burge realizaram esse projeto em 1983 para servir de exemplo da utilização do pós-moderno na arquitetura comercial. Começa então uma série de ideias extravagantes, e nem o estilo renascentista escapa. O prédio da General Foods, num subúrbio nova-iorquino, utiliza-se da ideia renascentista para propor uma solução estética.*

Há várias combinações entre o velho e o novo. Um condomínio em Boston, por exemplo, é projetado como se fosse ruinas, baseadas nos designs de igrejas neorromanescas, que tentam combinar seu estilo, com armação de ferro e tijolo, com prédios construídos ao redor formando um todo. Pode-se perceber que é de fundamental importância a reunião de materiais de diversas fontes. Podem-se ver, por exemplo, prédios com aspectos curiosos, onde as armações são de ferro intercaladas com mármore e, às vezes, colunas romanas.

Mas a ideia radical fica por conta de Michael Graves, que realiza um projeto dentro do conceito da arquitetura monumental para a Humana Corp., em Louisville. Uma densa colagem de texturas e ele-

mentos luxuosos torna este prédio uma torre escultural, a concretização da invenção arquitetônica. Dentro desses aspectos de renovação estética confrontando presente e passado há também o confronto Oriente-Ocidente. E pode-se dizer que é nesse clima de confronto que são baseados os cenários do filme Mishima (que conta a trajetória do poeta japonês), para o qual móveis de laca servem como pano de fundo das histórias do poeta, misturando-se com o estilo oriental americano.

O *design* Europop

O começo dos anos 60 é marcado pela cultura pop. Sua influência no design foi de substancial importância, porque o cotidiano é agora a grande musa inspiradora da arte. Artistas como Andy Warhol, Roy Lichtenstein, entre tantos, passam a usar a linguagem da comunicação de massa, assumindo suas características não só como arte mas principalmente como uma cultura visual. A imagem do mundo urbano invade o mundo artístico e também o do design. *Histórias em quadrinhos são pintadas em telas grandes com um balão que estabelece o diálogo com o nada ou com a própria arte. A lata de sopa Campbells pintada por Andy Warhol ou a bandeira dos EUA feita por Jasper Johns (de 1954) serão os elementos da pintura mais fortemente influenciadores do design Europop.*

Depois que os artistas pop americanos participaram da Bienal de Arte de Veneza na década de 60, o design italiano começa a sofrer uma séria influência em seu comportamento. Se Mareei Duchamp, nos anos 20, já tinha introduzido o cotidiano como expressão artística (ready-made) *para questionar o objeto em série, o neodadaísmo americano e europeu passou a ver na atitude Dadá a nova manifestação do objeto em série.*

A Itália foi um dos grandes beneficiados com essa atitude. A Faculdade de Arquitetura de Florença for-

mou na década de 60 dois grandes grupos de jovens designers *que passaram a se chamar Arehizoom Associati e Superstudio. Envolvidos por um período de novas experiências no campo do design, os grupos procuravam investigar o surgimento de uma nova estética através da linguagem* pop *europeia. Essas duas escolas montariam duas exposições importantes que se intitularam Superarchitecture, onde mostravam móveis e projetos arquitetônicos influenciados pela cultura* pop *e esboçavam uma das primeiras ideias do objeto pós-moderno.*

O design *pós-moderno faz dos objetos uma nova intervenção estética utilizando-se das formas banais e vulgares para estabelecer o rompimento radical na lógica "forma e função", formalizando o neo-kitsch. A utopia deixa de ser realidade e assume uma postura na ideia de* design *– ao mesmo tempo que é alegoria, ele assume a posição de fenômeno natural.*

A ironia passa a ter um papel fundamental nessa época, admitindo projetos experimentais que o profissionalismo jamais teria permitido. Além disso, nos anos 60 e 70 a decoração torna a emergir no cenário das pesquisas avançadas, para aproveitar a ideia de kitsch. *Acompanhada da evolução e da prática de um design radical, surge o grupo italiano liderado por Alessandro Mendini, chamado Banal Designo Na Bienal de Veneza de 1980, juntamente com amigos, Mendini monta uma exposição intitulada Objeto Banal. São projetos de objetos que se parecem com escamas de peixe em cores cintilantes variadas. São objetos utilizados para estimular o dia a dia. Além de serem usados para demonstrar o seu significado também no código visual, o* design *dos objetos agora é usado para, através do conceito de* kitsch, *fazer surgir as características de um* redesign, *ou seja, uma alteração do objeto existente.*

Em 1967, a revista alemã Domus *publicou a primeira coleção de móveis de Ettore Sottsass Jr., um dos nomes mais importantes, quase um sinônimo do design italiano.*

A filosofia Memphis começou a colocar à prova a utilidade do objeto dentro da questão da não funcionalidade. Sottsass desenvolve pesquisas que subvertem o relacionamento tradicional dos móveis que irão ocupar o espaço de uma casa. Em vez de propor um objeto altamente figurativo com funções autônomas, ele promove um novo tipo de comportamento para o móvel residencial. Para Sottsass não está em discussão o conforto. O valor emocional em relação ao objeto não é dado através de sua funcionalidade, mas através de seu nível de expressividade.

Os objetos Memphis passam a ser caracterizados por levar em conta certos princípios pouco comuns, como cheiro e tatilidade. É um objeto que passa a ter uma presença perceptiva ao envolver-se espacialmente. O avanço tecnológico propiciou maiores possibilidades na tradução de formas e na inovação de uma linguagem cujo uso pode ser a resposta para o surgimento de novos grupos sociais.

Funnyture

Todos os móveis Memphis têm nome de hotel, são forrados em plástico estampado cujos padrões são *desenvolvidos pela própria escola, e seus objetos inutilitários são decorados com lâmpadas coloridas, além do confronto de materiais como mármore combinando com bronze, madeira com metal, vidro com alumínio. A ideia memphisiana existe para livrar-se de uma retórica institucional, e chama seus próprios trabalhos de gíria suburbana. A escola Memphis abre uma discussão bastante prática sobre a funcionalidade do* design *encarado sob o ponto de vista do pós-moderno. Ela assume a função utópica da utilidade, tornando seus móveis um verdadeiro* playground *opcional na sala de estar.*

Na estante Carlton, por exemplo, os livros ficam todos inclinados, já que se acredita que é sua vontade original.

É bom ressaltar que Ettore Sottsass surge no mercado de design após ter criado uma das primeiras máquinas de escrever portáteis de plástico para a Olivetti, em 1960, fato que pode provar o seu conhecimento prático sobre a funcionalidade tradicional.

Mas o estilo Memphis não registra sua criatividade somente nos móveis. Acaba por influenci-

ar também a área da mídia impressa, onde a ideia memphisiana torna seus impressos um jogo muito inteligente de sobre posições de retículas desenvolvidas com padronagens que através da sua diagramação criam uma nova dimensão de espaço impresso.

Com isso, a Itália cria iniciativas na formação de novos designers, divulgando assim para o resto do mundo seu novo estilo de pensar um projeto, colocando lado a lado diferentes culturas domésticas cuja função pode ser explicada apenas na ergonomia ou em termos funcionais.

Esse conceito, na Europa, não se restringe somente aos italianos, mas também encontra aliados no design sueco. Um dos maiores escritórios de projetos e design *da Suécia assume, na década de 80, o humor em seu* design. *Olle Anderson, um dos principais* designers *suecos, deixa clara a sua ideia sobre os objetos que se fazem não só através do estímulo da função, mas principalmente do humor, chamando-os de* happy design *ou* happy furniture.

Objetos de Alessandro Mendini baseados em escamas de peixe.

ALGUNS **USOS DO DESIGN • ALGUNS** USOS **DO DESIGN • ALGUNS USOS** DO **DESIGN • ALGUNS**

ALGUNS USOS DO DESIGN

USOS DO DESIGN **• ALGUNS USOS DO DESIGN •** ALGUNS **USOS DO DESIGN •** ALGUNS **USOS DO**

Univers bold, corpo 11, entrelinha 12

Neon Design

Com a era pós-moderna recuperaram-se os efeitos da luz neon.

No começo do século, um francês chamado George Claud pesquisava um método que produzisse uma luz com maior durabilidade, chamada de luz de longa vida. Algum tempo depois, ela é introduzida nos EUA, sendo usada principalmente em cartazes de cinema, bares e cassinos.

O *neon design* possibilitou criar objetos com movimento e ritmo, como um *grafitti* luminoso. É interessante notar que sua linguagem cinética obtida através de movimentos sequenciais nos faz lembrar uma espécie de cinema de animação.

Nos Estados Unidos o neon tem uma presença tão marcante no desenvolvimento do *design*, que em Los Angeles foi fundado o Museu de Neon Art, recuperando a maioria dos *displays* famosos que enchem as ruas das cidades americanas.

O que chamamos de *design* pode também ser entendido pelo próprio percurso da luz, não só neon, mas em luminárias, por exemplo. A luz também é informação de formas, movimento e cria um espaço conforme é projetada.

O cenário pode às vezes ser um só, mas,

conforme a posição da luz ou dos contornos feitos pelo neon, consegue-se um novo significado cênico.

Computer Graphics

Partindo do conceito de um *design* cinético nos deparamos com a linguagem do *computer graphics* (CG) ou *computer designo* Nos filmes, todos os efeitos visuais, como tamanho, forma e superfície, podem ser executados por CG, além dos movimentos que exigem articulações, textura como efeitos de vidro, metal, mármore e pontos de luz.

O CG vem ganhando novos terrenos no campo do *design* gráfico. Já é possível hoje diagramar revistas, elaborar *layouts* e protótipos de embalagens ou mesmo animação em 3D (tridimensional), tudo isso executado por uma pessoa o *designer,* na posição de usuário. Seria impossível hoje pensar a imagem em movimento ou parada em televisão sem a utilização do computador. A tendência é, com o tempo, formar um profissional que entenda tanto de desenho como de cinema, e principalmente de iluminação, uma vez que é necessária, ao profissional que opera um computador gráfico, praticamente toda a informação ligada à área das artes gráficas e à imagem em movimento.

Outro grande beneficiado com isso foi a TV, que, com o auxílio de outro computador – o gerador de caracteres – pôde recuperar a sua linguagem bidimensional para programação visual na escrita de textos e legendas na tela.

Antes dos geradores de caracteres, a TV operava com uma arte-final tipográfica para ser gravada em vídeo, pois a linguagem da TV de então era de cenário.

Foi com os sintetizadores de imagem que a TV ganhou uma característica gráfica, podendo utilizar-se de recursos como distorção de imagens geradas pelo ADO.

Nos EUA existe hoje uma associação de especialistas em CG conhecida como SIGGRAPH (Special Interest Group on Computer Graphics), que premia os melhores *designs* efetuados em CG.

Na Expo Center Tsukuba 85, no Japão, criou-se um espaço chamado Art & Technology, onde foram exibidas várias possibilidades de desenho industrial dentro da computação gráfica.

A maior revolução a nível de CG foi vista no filme *Max Headroom,* um animador de programas do Channel 4 na Inglaterra, que é todo projetado por computador.

Max Headroom é o resultado de uma das mais avançadas técnicas de CG. Ele anima programas, promove concursos, tudo através de um sistema de voz tipo Vocoder, usado pela artista performática Laurie Anderson. Esse sistema permite que a voz seja distorcida tanto para grave quanto para agudo sem que se perca o teor da comunicação.

O mito do futuro será computadorizado, mas continuará loiro de olhos azuis.

Photodesign

Mas não foi apenas no campo da eletrônica que a imagem sofreu avanços. Com a evolução da fotografia através de filmes mais sensíveis, e mesmo com o fotolito a laser (por computador, o Scanner), um grupo chamado Hipgnosis desenvolveu pesquisas no campo do *photodesign.* Esse grupo é formado por três *photodesigners* ingleses: Aubrey Powell, Peter Christopherson e Storm Thorgerson. *Photodesign* são montagens que podem ser feitas tanto através de ampliações fotográficas quanto através do fotolito, procurando recriar os ambientes e situações já fotografados. É como um *take* extraído de um filme e somado aos recursos gráficos disponíveis.

Um dos pontos fortes desse trabalho foi o *photodesign* feito para o grupo Foreigner, criado para o álbum Silent Partner em 1981. Partindo do desenho do formato de um binóculo, o Hipgnosis cria situações diversas através de montagens onde a ilustração é a própria colagem. Talvez nesse. trabalho esteja a síntese do significado de *photodesign*.

O protótipo *design*

Hoje o mundo do *design* volta-se para o que foi chamado de *handicraft design,* ou seja, o *design* artesanal. É um fenômeno do diálogo que volta a ser estabelecido entre o sistema de produção em série e o objeto artesanal. Os *designers* buscam agora o valor do trabalho artesanal na descoberta de novos padrões de organização baseados numa redescoberta individual.

Leo Krier, na Escola de Luxemburgo, por exemplo, faz reaparecer modelos que sugerem a ideia de uma cidade artesanal, cujos monumentos são usados para reconstruir uma paisagem urbana. Essa ideia de fazer reaparecer o trabalho artesanal na década de 80 fez com que surgissem trabalhos como Gallery of Copism, do Estúdio Alchemya, onde quadros famosos são copiados a mão. Através dessa proposta, Mondrian e Kandinsky recebem o tratamento de uma cópia artesanal. É uma ideia radical, contrária ao produto industrial, mais uma possibilidade de material para se recriar o protótipo do final do século XX.

Essa linguagem de protótipo tenta novamente

dialogar com a linguagem em série. Nesse caso, entretanto, o protótipo já é o objeto utilitário.

Um dos papéis mais importantes do *handicraft design* vem sendo desenvolvido pelo Estúdio Alchemya, que no fim da década de 70 apresentou em Milão um dos primeiros protótipos considerados *handicraft,* intitulado Coleção Bauhaus. Toda a coleção foi projetada e desenvolvida por Ettore Sottsass Jr., Alessandro Mendini e Michele De Lucchi, e recebeu o nome de *New Handicraft,* para o qual uma possível tradução seria *Novo Protótipo.*

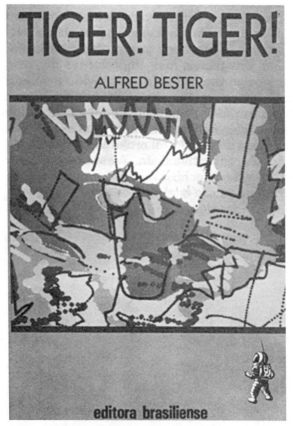

Capa do livro Tiger! Tiger!, de Alfred Bester, feita em computação gráfica por Wilton Azevedo em equipamento Alias/1.

cultural **Design**

Garamond 49 italic, corpo 12, entrelinha 13

A moda institucionalizou o design, *é a década de 50 sendo redesenhada com o neoplasticismo dos anos 80, tendo suas cores primárias cedido lugar para as cores psicodélicas que se obtinham por intermédio do* design *das drogas da década de 70.*

James Dean, o herói playboy *dos anos 50, com sua jaqueta de couro fez com que muitos jovens daquela época fossem contrários aos tons pastel das flâmulas das universidades, o símbolo do discurso ufanista americano. Era o início do* drop out.

O He-Man pode ser o Flash Gordon do futuro, mas o design de sua nave barroca nos indica que Alex Raymond, ao projetar Flash Gordon, pertencia a um mundo muito mais distante do que podíamos imaginar. O futuro do He-Man é agora.

O close *das novelas brasileiras transforma-se em capa de disco – assim, o consumidor identifica no design impresso a imagem da TV ligada. Se antes o meio impresso foi referencial de design para a TV, atualmente a posição se inverte.*

Os punks *acham as cidades inúteis, e por isso vivem na sua inutilidade. Pode ser que nessa atitude a inutilidade utópica do pós-moderno já não tivesse mais sentido nos porões da cidade.*

Os punks *surgem do design da não-reciclagem; é o que não serve que acaba servindo. Surge naturalmente dos arranjos do lixo, do que sobra dos centros urbanos, é um* design *baseado no refugo.*

O design *popular está nas ruas por falta de espaço na mídia cultural. Para se dizer alguma coisa não basta somente planejar. E sem dúvida nenhuma necessário criar meios para obter espaço nos veículos. É na produção de linguagem que está a política da veiculação de informação visual e verbal através do* design.

A atitude performática que pertencia a um grupo restrito da vanguarda está nos muros e nas ruas. Qualquer um faz o seu design *performático, um estado intencional da escrita.*

O design *cultural vira moda logo, e este é o grande problema para as classes que precisam aparecer socialmente. A* griffe *é a assinatura do objeto em série. O Giotto pós-renascentista é Pierre Cardin com seu* design *de moda que não sai da moda, já nasceu reciclado.*

O design *se dá nas passarelas e ocupa lugar nas ruas. Tudo é absorvido rapidamente, a moda criando* design *para pegar avião, trem, metrô, ir a festa, estudar e dormir. O mundo visual não nos deixa em paz nem quando fechamos os olhos para dormir: sonhamos com a funcionalidade do nosso ego.*

Espaços alternativos são uma necessidade urbana. A mídia tradicional passa a não explorar tanto a linguagem intercódigo, e volta-se para o programa de auditório. O design *dessa época só existia nos cenários pintados das comédias; assim, o* design *do espaço alternativo é a pirataria. A* Pop Art *se inspirou no* design *do consumo, tornando a vida das décadas de 50 e 60 mais hollywoodiana nos supermercados. A obtenção do produto é o final feliz. Os* designers *da década de 80 não se inspiram no produto, mas naquele que consome.*

A política do corpo dá lugar ao design *da mente. A informação viabiliza o tempo, e existe um tipo de* design *para cada coisa (inclusive para se matar o tempo).*

O meio ambiente é o meio e a mensagem de

Marshall McLuhan, O mundo urbano nos torna cúmplices nessa relação cotidiana, e quando se trata de sobreviver, temos que pensar num design *cultural. Mesmo quando o homem agia por instinto havia uma intenção da preservação da espécie. A sobrevivência.*

Os programas de TV cedem lugar aos personagens computadorizados. No filme Max Headroom, o computador se espelha na imagem do homem na TV. No mundo dos objetos o convívio é rápido. Os colecionadores ainda correm atrás da imagem original, mas o mercado da reprodução já não é marcado pelo falso – esta é a filosofia do design.

Não há mais real ou falso. Depois do videotape, a TV recupera a sua linguagem do aqui-e-agora com um jornalismo in live. *Notícia não é só o que acontece na TV, mas sim tudo o que acontece. A TV ligada 24 horas passa a ser o acontecimento da TV, o meio através dos meios. Ser astro não é estar na TV é ser a TV.*

O animador computadorizado cumpre a função dos talking heads *– aquelas que lêem qualquer notícia sem uma só expressão – no* design *da seriedade. Um homem projetado para dar confiabilidade li leitura de uma notícia.*

*O mundo via satélite traz a TV para dentro das casas, e os artistas eletromultimídia criam uma linguagem para ser vista nas TVs dos museus. A TV fora do ar (*sign off*) informa que é um veículo, é a possibilidade de estar lidando com um índice que não é mais ruidoso, é linguagem. O* design *questiona o espaço. A cultura exige espaço para poder falar de si mesma, para se mostrar a espécie como uma possibilidade de mutação. Não tenho dúvida de que os homens dos anos 30 foram rigorosos demais com a plás-*

tica humana criada por Mondnan para que nos sentássemos. Pollock foi a desintegração do átomo, artístico. É um não ao racional que o final do século XX não é.

A tela salta para o espaço aberto e invade a mente informatizada, e a eletrônica imita os neurônios do homem com a criação dos chips, que de tão pequenos cabem num polegar.

A espécie humana corre atrás do ócio, criando máquinas que façam todo o trabalho redundante da humanidade.

O que é design?

Talvez esta pergunta não tenha mais importância no futuro, pois para se manter vivo o homem vai ter que se apoderar do simulacro que ele criou. A importância dessa informação só vai ter sentido para cobrir os poucos espaços que sobraram.

Como disse Marcel Breuer, "um dia, quem sabe, nos sentaremos sobre cadeiras de ar sólido":

Se o design sempre questionou o espaço, pode ser que o homem em direção ao futuro comece a redesenhar o ar que nos resta para que possamos sentar, e quem sabe possamos ter o tempo desejado para a criação. Mas para o homem pós-moderno, antipresente e neofuturo a criação é um estalo, a linguagem é consumida diretamente na sua nascente e é espalhada pelo mundo em forma de propaganda.

Neste ponto o design *cultural adquire vários aspectos, e entre eles passa a ser a fonte geradora de uma antropologia que não está mais debaixo da terra.*

Há um ditado taoísta que diz que o artista deve ser responsável pela influência que ele exerce. E através dessa influência que o design *vem dialogando com o homem desde o princípio de sua existência. Se não cabe mais a discussão do objeto utilitário ou inutilitário, vale pensar o* design *em forma de* redesign – *a criação do objeto através dele mesmo.*

Sempre se questionou o lado vicário da vida – a capacidade de simular a vivência. O grande problema centrava-se em saber se estamos em contato com a vida ou se é apenas a reprodução da reprodução social através dos veículos de comunicação, mas uma coisa é certa: a lógica do futuro fez a linguagem pertencer a tudo, e basta estar vivo para que se tenha informação.

Se ligamos a TV, lemos o mundo nos impressos vemos out doors *dos nossos carros, temos a impressão de que tudo que o homem adquiriu através da criação até hoje tem um rosto, o rosto da cópia. O protótipo já é a linguagem da reprodução.*

Cabe pensar que planejar o futuro é ter consciência do caos.

O design é sempre uma forma de planejar uma saída.

indicações
para
leitura

English Times, corpo 11, condensado, entrelinha 12

Gostaria de propor uma outra maneira de pensar este capítulo da coleção.

Tratando de *design*, o assunto não se restringe somente a uma leitura verbal, mas é importante um acompanhamento das imagens, porque também é preciso ver para ter uma formação visual.

Resolvi então dividir estas indicações para leitura em uma indicação verbal e outra visual, ou seja, livros para ler lendo e para ler vendo. Livros para ler lendo:

James Craig, *Produção Gráfica*, ** São Paulo, Editora Mosaico. Trata seriamente a evolução dos meios gráficos, desde as primeiras impressões em madeira até o sistema de fotolitografia. Lewis Mumford, *A Cidade na História, Suas Transformações e Perspectivas*, *** Martins Fontes. Esta leitura pode auxiliar na consulta da evolução das cidades, se você se interessa por design urbano. Victor Papanek, *Design for the Real World*, ** Thames and Hudson. Fundamental para quem quer não só pesquisar *design* do ponto de vista estético, mas principalmente o *design* com vistas a discutir o meio ambiente. Nikolaus Pevsner, *Os Pioneiros do Desenho Moderno*, ** Martins Fontes. Discute o problema do desenho industrial de John Ruskin a Walter Gropius. Nikolaus Pevsner, *Origens da Arquitetura Moderna e do Design*, ** Martins Fontes. Trata da influência que os objetos tiveram em função do avanço da arquitetura.

Agora, os livros para ler vendo:

Bauhaus, *** Instituto Cultural de Relações Exteriores, Stuttgart, 1974. Cara Greenberg, *Mid-Century Modern*, *** Nova York, Harmony Books. Tanaka Ikko, Koile Kazuco, Japan Design, São Francisco, Chronicle Books.

Bruno Munari, *Design e Comunicação Visual*, * Martins Fontes. Andrea Branzi, *The Hot House, Italian New Wave Design*, ** Thames and Hudson Ltd. Akiko Busch and Editor of Industrial Design Magazine, *Product Design*, ** Nova York, PBC InternationaI.

Infelizmente, é muito reduzido o número de livros para ler vendo editados no Brasil, o que pode dificultar a consulta e também o acesso.

* Fácil
** Regular
*** Difícil

English Times, corpo 10, entrelinha 12

SOBRE O AUTOR

Sou artista plástico, *designer* e professor, pós-graduado em Comunicação e Semiótica pela PUC-SP. Realizei exposições individuais e participei de coletivas. Sou programador visual em estúdio próprio e titular da cadeira de Produção Gráfica e Programação Visual na Escola Superior de Propaganda e Marketing.

Escrevo colunas semanais sobre *design* em jornais da grande imprensa, e em revistas como *Design & Interiores,* e estou me preparando para lançar esses textos em forma de livro.

Desde 1986, venho desenvolvendo trabalho pioneiro na área de computação gráfica aplicada às artes plásticas e à editoração.